CIRCLING BEACONS

GIROS DE FAROS

A bilingual English-Spanish Edition

GUERNICA WORLD EDITIONS 54

ALBERTO BLANCO

CIRCLING BEACONS
GIROS DE FAROS

A bilingual English-Spanish Edition

Translated by John Oliver Simon
& Jennifer Rathbun

TORONTO—CHICAGO—BUFFALO—LANCASTER (U.K.)
2022

Guernica Editions Founder: Antonio D'Alfonso

Michael Mirolla, editor
Interior and cover design: Errol F. Richardson
Cover Image: Alberto Blanco

Guernica Editions Inc.
287 Templemead Drive, Hamilton (ON), Canada L8W 2W4
2250 Military Road, Tonawanda, N.Y. 14150-6000 U.S.A.
www.guernicaeditions.com

Distributors:
Independent Publishers Group (IPG)
600 North Pulaski Road, Chicago IL 60624
University of Toronto Press Distribution (UTP)
5201 Dufferin Street, Toronto (ON), Canada M3H 5T8
Gazelle Book Services, White Cross Mills
High Town, Lancaster LA1 4XS U.K.

First edition.
Printed in Canada.

Legal Deposit—Third Quarter
Library of Congress Catalog Card Number: 2022934895
Library and Archives Canada Cataloguing in Publication
Title: Circling beacons = Giros de faros / Alberto Blanco ; translated by John Oliver
Simon & Jennifer Rathbun.
Other titles: Giros de faros
Names: Blanco, Alberto, 1951- author. | container of (work): Blanco, Alberto, 1951-
Giros de faros.
| container of (expression): Blanco, Alberto, 1951- Giros de faros. English. | Simon,
John Oliver, translator. | Rathbun, Jennifer, translator.
Series: Guernica world editions ; 54.
Description: Bilingual English-Spanish edition. | Series statement: Guernica world
editions ; 54 | Poems. | Poems in English and Spanish; translated from the Spanish.
Identifiers: Canadiana 20220202680 | ISBN 9781771837583 (softcover)
Classification: LCC PQ7298.12.L27 G5713 2022 | DDC 861/.64—dc23

Table Of Contents • Índice

Translator's Note

Translators' prefaces frequently highlight the story of the translation and the rendering of the original work into a new creation—choices are defended or challenges explained. The text allows the translator to step out of her invisible role and become an active participant sharing her own voice. As such, I would like to take this opportunity to honor the memory of John Oliver Simon (1942-2018) and to express my sincere gratitude for being a part of this bilingual edition of *Circling Beacons/ Giros de faros* by Mexican author Alberto Blanco.

The story of the creation of this book arises from a decades-long friendship between two poets, Alberto Blanco and John Oliver Simon, and it takes us on a literary journey beginning in 1977 when Blanco was awarded the only national poetry grant at the time from the Centro Mexicano de Escritores after having studied philosophy and East Asian studies with a specialization in Chinese culture. The grant afforded him the unique opportunity to thoroughly edit and revise his manuscript, *Giros de faros*, over the course of a year under the tutelage of two great masters of Mexican literature—Juan Rulfo and Salvador Elizondo. The collection reflects the influence of classic Chinese poetry in Blanco's pursuit of a metaphorical creation with a clear and transparent poetic voice that is both simple and profound.

Two years later, *Giros de faros* was published in 1979 by the Fondo de Cultura Económica in Mexico City making Blanco the first poet from the generation of the fifties to be published by the most prestigious editorial house in Mexico. From the time of this first publication, *Giros de faros* has always been well-received and it is now considered to be one of Blanco's most emblematic works. For example, its longest poem, "Un escéptico Noé" ("A

Skeptical Noah"), is already a classic in Hispanic poetry. It has easily been translated into nearly twenty languages and published in countless anthologies and journals. Aldolfo Castañón, editor in chief at Fondo de Cultura Económica and curator of Octavio Paz's work, immediately recognized the collection as a masterpiece after he accidentally came across it at a reunion where Blanco had taken the manuscript to use the poems from its third chapter, "Canciones para cantar en la ciudad" now translated as "Songs to Sing in the City", as lyrics in order to continue a dialogue with fellow musician and author, Guillermo Briseño, about the creation of good rock 'n' roll in the Spanish language. Since the beginning of his literary career, Blanco has always explored and incorporated other artistic genres into his poetic voice and as a songwriter, keyboardist and vocalist for rock and jazz groups, it was natural that he would set his poetry to music. It is thanks to that music that we hold this current book in our hands after all.

Five years after the publication of *Giros de faros*, Blanco was invited to participate in the 70th birthday celebration of Mexico's premier poet and essayist, Nobel Prize laureate Octavio Paz, in 1984. John Oliver Simon attended the festivities and struck up a conversation with Blanco after enjoying his reading of a light-hearted poem which had provided a much-needed break from the seriousness present in the tone of many of the other readings. Simon had also appreciated Blanco's brilliant economy of language and exceptional rendering of metaphors in Hispanic poetry. After that initial encounter, Simon began to slowly translate individual poems from *Giros de faros* into English which he published in journals, reviews and anthologies over the span of several years.

John Oliver Simon passed away on January 16th, 2018, leaving behind a legacy of original poetry and translations. While he had indeed published many poems from *Circling Beacons / Giros de faros*, the manuscript was incomplete and unpublished.

Blanco was distraught by the passing of his friend and determined to see the manuscript completed and published as a way of honoring their friendship and Simon's work. In 2019 Blanco approached me with the idea of finishing the manuscript and I was touched and extremely honored by his request. Blanco and I had previously collaborated on the translation of his work *Tras el rayo / Afterglow* that was published in 2011 in The Bitter Oleander Press in New York, so I was already familiar with his poetic voice and knew what this undertaking would represent. Even though I have been translating poetry from Spanish into English for over twenty years, this project was my first collaboration with another translator and I was only able to collaborate through John Oliver Simon's written, translated word. I followed his choices and mirrored his style to complete the manuscript, making all corrections with utmost respect and in collaboration with Alberto Blanco himself. It has been a marvelous translating adventure and is with much pleasure that we can share these verses now with you, our dear readers, after nearly four decades have passed since that magical night when two poets became friends.

—*Jennifer Rathbun*

I

EMBLEMS

EMBLEMAS

I

The
light doesn't
come from outside

A
match
needs a head

If
it wants
to strike fire

II

Some
open their door
to let others come in

Others
close it fearing
someone might come in

Few
very few
don't even have a home

I

La
luz no
viene de fuera

Un
cerillo
necesita cabeza

Si
se quiere
llegar a prender

II

Algunos
abren su puerta
para dejar entrar a los demás

Otros
la cierran
por temor de que alguien entre

Pocos
muy pocos
los que no tienen casa

III

Antennae
tines of sun
celebration of sky

Smoke
in the city
words can't fly

Wings
shine with
promise of fire

IV

That
circle formed
by chairs

Remains
just like
the table

Once
the meeting
has ended

III

Antenas
puntas de sol
celebración del cielo

Humo
en la ciudad
no vuelan las palabras

Brillan
sus alas son
una promesa del fuego

IV

Ese
círculo que
forman las sillas

Al
igual que
la mesa permanece

Una
vez que
la reunión termina

V

Death
gives out
uniforms

It's
the same
backyard for everyone

In
the only
hour of nobody

VI

Too
soon
to act

Too
late
to retreat

Only
witnesses
remain

V

La
muerte
reparte uniformes

Es
el mismo
patio para todos

En
la única
hora de ninguno

VI

Muy
pronto
para actuar

Muy
tarde ya
para retirarse

Sólo
quedan
los testigos

VII

The
door
is narrow

The
path
is narrow

The
night
goes on and on

VII

La
puerta
es estrecha

El
camino
es estrecho

La
noche es
interminable

II

TRIPTYCHS OF THE VOWELS

TRÍPTICOS DE LAS VOCALES

1

BLACK TRIPTYCH

I

Fear lifts up houses,
limits on clarity
that sweeps the horizon.

The world looks out from the summit
inventing proper distances.

From paper to ink,
from door to windows.

Writes its gospel among ashes.

II

All afternoon the blazing
wide shoulders of the mountain
contemplate themselves in silence.

Among the orange-blue foliage
of sky they dazzle through:

The ruins of a light
upon a starry sea.

The world receives its peace from fire.

1

TRÍPTICO NEGRO

I

El miedo levanta casas,
límites sobre la claridad
que barre el horizonte.

Desde la cima se asoma al mundo
inventando las justas distancias:

Del papel a la tinta,
de la puerta a las ventanas.

Entre cenizas escribe su evangelio.

II

Por la tarde los montes
de lomo encendido y amplio
son contemplados en silencio.

Entre el follaje azul y naranja
del cielo se pueden vislumbrar:

Las ruinas de la luz
sobre un mar estrellado.

Del fuego recibe su paz el mundo.

III

Trying to forget
the room in which he lives
he calls aloud to others.

Outside a cross of broken
windows answers him deafly.

In the street a black car
pearls with cold.
Trees blink in the night.
upon a starry sea.

The world receives its peace from fire.

III

Tratando de olvidar
el cuarto en el que vive,
a voces llama a los demás.

Afuera le responde sordamente
la cruz de las ventanas cerradas:

En la calle un coche negro
se perla con el frío.

Los árboles parpadean en la noche.
Del fuego recibe su paz el mundo.

2

WHITE TRIPTYCH

I

An arc of light
around the mountain.

In the distance
dogs bark furiously
at campfire smoke.

Lit up among pines
the astonishing simplicity
of a deer dissolves
without a trace:

tracks in the forest
swept away by leaves.

II

An arc of shadows
around the well.

Upon the slope
tenacity in stone:
all's in vain.

A house and a girl
cloudless and shadowless,
with her white apron
facing the doorway:

The traveler is refreshed
without touching water.

2

TRÍPTICO BLANCO

I

Un arco de luz
en torno al monte.

A la distancia los perros
ladran con furia
al humo de las fogatas.

Encendida entre los pinos
la sorprendente sencillez
de un venado se disipa
sin dejar rastro:

Las huellas en el bosque
las barre la hojarasca

II

Un arco de sombras
alrededor del pozo.

Sobre la pendiente
la tenacidad en piedra:
todo es en balde.

Una casa y una muchacha,
sin nubes ni sombras,
con su blanco delantal
frente al portón:

Refrescan al caminante
sin tocar el agua.

3

RED TRIPTYCH

I

From tall posts
which sustain the old
tent of sky,
the accurate knife
of light descends
cutting a silhouette of clouds
                   houses
                    faces.

Dry leaves let go
like sepia photographs
in a family album:

On the red sand
gold lenses shine
under the sun.

II

I stop by the river
in wonder to pick up
a scrap of glass
that shines in my hand
luminous as a fish
and scratches in the palm a sign
                  a will
                an arc.

3

TRÍPTICO ROJO

I

Desde los altos postes
que sostienen la vieja
carpa del cielo
desciende la navaja
certera de la luz
cortando un perfil a las nubes
                        las casas
                                los rostros.

Desprende las hojas secas
como las fotos en sepia
de un álbum de familia:

Sobre la arena roja
brillan bajo el sol
los lentes de oro.

II

Junto al río me detengo
asombrado y levanto
un trozo de vidrio
que brilla en mi mano
luminoso como un pez
y rasga en la palma un signo
                        una voluntad
                                un arco.

Out of the blood
an eye watches me,
a rain of metal

falls lightly,
explodes at last
and sings in the storm.

III

Light stands on branches
snapping its powerful
crystal whip;
the tiger stretches out,
licks its claws
and sleeps waiting for calm
                           darkness
                                  springs.

Its fire is cold,
a tree in flames
moons in the pond.

Protected from light
in the curtain of grass
some shadows devour others.

En la sangre
me mira un ojo,
una lluvia de metal.

Cae con ligereza,
estalla finalmente
y en la tormenta canta.

III

Sobre las ramas se yergue el rayo
haciendo sonar, poderoso,
su látigo de cristal;
el tigre se tiende,
se lame las garras
y duerme esperando la calma
                    la oscuridad
                         las fuentes.

Su fuego es frío,
un árbol en llamas
y lunas en el estanque.

Protegidas de la luz
en la cortina de hierba
unas sombras devoran a otras.

4

BLUE TRIPTYCH

I

Some mornings
you go down to the river
and stop
hearing ocean's amorous
voice in the current.

You'd like to fly,
follow the course
of its untied hair,
such a hope sustains you
among river-willows.

II

A dove
crosses the cornfield
breaking
into gray and violet
the certainty of seeing.

Absorbed in light
ears turn golden
brilliant against sky
like eyes
suffused with pleasure.

4

TRÍPTICO AZUL

I

Hay mañanas
en que bajas al río
y te detienes
a escuchar en la corriente
la voz amorosa del mar.

Quisieras volar,
seguir el cauce
de su pelo suelto,
y tal esperanza te sostiene
sobre los juncos de la ribera.

II

Una paloma
cruza los maizales
quebrando
en violetas y grises
la certeza de las miradas.

Absortas en la luz
se doran las mazorcas,
brillantes contra el cielo
como los ojos
colmados de placer.

III

So while I slowly
recover my body
the balcony afternoon
takes the form
of a ship sailing away.

Among clouds floating
blue on the horizon,
I contemplate the moon
who sleeps naked
by the river.

III

Así mientras recobro
mi cuerpo lentamente,
la tarde en los balcones
toma la forma
de un barco que se aleja.

Entre las nubes que flotan
azules en el horizonte,
contemplo a la luna
dormir desnuda
junto al río.

5

GREEN TRIPTYCH

I

The mare among the pines
unfurls her dance
a musical space
vibrating between light and shadow
on fallen leaves.

An old man observing her
sinks brush in paint
and on the docile cheek
of a clay pot, paints the dance.

The mare's womb is a feast
with more ceramics than the East

II

In currents of air
descending from the mountain,
the founder of a kingdom
senses his usual
enemies come galloping.

Like a tree jealous of its leaf
alone when he takes off his image,
he knows the score of control
requires modulation in every measure.

All sound is the medium
but frontiers are uncertain.

5

TRÍPTICO VERDE

I

Entre los pinos la yegua
despliega con su danza
un espacio musical
que vibra entre luz y sombra
sobre las hojas caídas.

Un viejo que la observa
hunde el pincel en la pintura
y sobre la mejilla dócil
de una vasija, pinta el baile.

La yegua lleva en el vientre
más cerámica que oriente.

II

En las corrientes de aire
que bajan de la montaña
el fundador de un reino
siente venir cabalgando
a sus enemigos de siempre.

Como un árbol celoso de su fronda,
a solas se desviste de su imagen;
sabe que la partitura del mando
requirió cambios a cada compás.

Todo sonido es la medida
pero las fronteras son inciertas.

III

The countryside's an ally:
white spume of wheat
above waving grass
worth more than the captive
angels of an altarpiece.

At workday's end,
lights in the road turn on
like hopes of returning
one more time to the sea.

In night's quiet expanse
the windmill whirls golden arms.

III

El campo es un aliado:
la espuma blanca del trigo
sobre las olas de hierba
vale más que los ángeles
cautivos de un retablo.

Al final de la jornada,
con las luces en el camino
se enciende la esperanza
de volver una vez más al mar.

En la quietud extensa de la noche
un molino hace girar sus aspas de oro.

III

SONGS TO SING
IN THE CITY

CANCIONES PARA CANTAR
EN LA CIUDAD

1

January's Song

Times begins anew and the kids
          in school wait eagerly for
the paletero's cart:
          bottles of colors their gaze
mistakes for deep sky.
          Sun, dream sweet beginning,
whose shining rays awake
          gray snow of volcanoes.

2

February's Song

All these obligatory rounds,
          streetlights, car, days ...
this suffocating quadrangle
          of measured steps, a dande-
lion, glowing. The same
          light off birds' wings
spreads fire into the wind
          shows its red fangs.

1

Canción de enero

La hora es fresca y los niños
        en la escuela con ansiedad aguardan
el perfil del carro de raspados:
        botellas de colores que confunden
con su cielo profundo la mirada.
        Soles, sueños del dulce principio...
el brillo de los rayos despierta
        en la nieve gris de los volcanes.

2

Canción de febrero

Circuitos obligados son todos
        los postes, los autos, los días...
en esta sofocante cuadrícula
        de pasos medidos, crece el diente
de león, iluminado. Es la luz
        misma que baja de los colorines
y extiende su fuego: el viento
        que muestra los colmillos rojos.

3

March's Song

High up among intellectual
        jacarandas grows day's mane.
Light between flowers would love
        to reclaim ancient form.
Scattered pages return to the world ...
        ashes blow away with screams
of materialist trucks
        and motorcycles coughing.

4

April's Song

Below this heavy sky
        the organ-grinder lightens up
a street-fair of bird-wings
        spinning in a wooden box.
A prisoner's song
        turns the cage transparent:
faith in being and motion ...
        worlds of blown glass.

3

Canción de marzo

Sobre la cima de las jacarandas
        cerebrales crece la melena del día.
La luz entre las flores quiere
        recobrar su antigua forma. Vuelven
al mundo los papeles rodando …
        la ceniza se dispersa con el grito
de los camiones materialistas
        y con la tos de las motocicletas.

4

Canción de abril

Bajo este cielo pesado
        que aliviana el organillo,
gira la feria de pájaros.
        oculta en la caja de madera.
Con la canción del preso
        vuelven la jaula transparente:
fe de ser y movimiento …
        mundos de vidrio soplado.

5

May's Song

Flaming eucalyptus, shadows:
       women wash clothes. Birds
sing outside my window. Voices
       rise with exhaust fumes
of cars, our eyes are burning,
       wind blows curtains open
A sky full of white clouds
       a bed with clean sheets.

6

June's Song

Maybe this darkened city
       can teach us technique:
absence of contours in rain
       foretells clarity when dizzy
fleeing streets slow down
       to crystallize in a mirror.
People are tough enough along the flow
       but fragile when they get to a corner.

5

Canción de mayo

Eucaliptos encendidos, sombras:
    las mujeres lavan ropa. Pájaros
que cantan frente a la ventana.
    las voces ascienden con el humo
de los coches, los ojos arden,
    el viento descorre las cortinas.
Un cielo lleno de nubes blancas
    es una cama con sábanas limpias.

6

Canción de junio

Tal vez de esta ciudad oscurecida
    se pueda sacar una lección de técnica:
en la lluvia la falta de contornos
    es presagio de claridad cuando detiene
la fuga vertiginosa de las calles
    y cristaliza finalmente en un espejo.
Los hombres son duros en el cauce,
    pero frágiles al llegar a las esquinas.

7

July's Song

Clouds take over the city:
       rain-light on sidewalks,
rivulets where fragments
       of leaves and earth rush down.
Walls where graffiti are
       washing off, bridges worn
out with names of love
       hoping to save time.

8

August's Song

Antennae make a deal, the scene's
       a mirror: sky covered with posters
chromium birds are floating.
       The show is free, as always,
noise of engines, rapid false foot-
       steps … won't get there on time.
Behind the curtain which once was
       blue: smoke, lights, improvisation.

7

Canción de julio

Las nubes toman la ciudad:
        en la banqueta luz de lluvia,
canales por donde bajan
        fragmentos de hojas y tierra.
Muros donde las consignas
        se deslavan, puentes gastados
con los nombre del amor
        que quieren salvar el tiempo.

8

Canción de agosto

Pacto de antenas, el escenario
        es un espejo: cielo para carteles
donde flotan pájaros cromados.
        La función es gratis, como siempre,
ruido de motores, pasos veloces
        y falsos ... no van a llegar a tiempo.
Detrás del telón que alguna vez
        fue azul: humo, luces, improvisación.

9

September's Song

Yellow trains arrive
      on the tracks' blade whistling
hard refrains, a solemn voice
      weighed down by many seasons.
They go away and never return,
      dwindling to a point at last
on converging rails where evening
      dissolves palms in the eye.

10

October's Song

Red lights going away,
      yellow lights approaching:
go out one by one,
      cigarette butts the sun
smoldering in windows.
      Scale of sky, the street's
a market ... stars anew,
      coins spinning in air.

9

Canción de septiembre

Llegaron los trenes amarillos
        al filo de los rieles silbando
un aire duro, una voz grave
        con el peso de tantas estaciones.
Se van los que nunca vuelven,
        llegan a ser un punto al final
de la vía donde el atardecer
        disuelve las palmas en la vista.

10

Canción de octubre

Luces rojas de los que van,
        amarillas de los que vienen:
se van apagando lentamente
        las colillas que dejó el sol
prendidas en los cristales.
        Balanza del cielo, la calle
es un mercado … estrellas
        frescas, monedas en el aire.

11

November's Song

Frozen under mercury
       lights, drunks watch
clouds in shop-windows:
       sugar-skulls in sky
playful as a toy-store.
       Lost under automobiles
they fall asleep: the parking lot's
       exhaust-pipes promise warmth.

12

December's Song

What will to stay alive
       unleafed pepper tree
against all natural laws
       erect on sidewalk.
bare trunk tenaciously
       grasps space-time, swaying
a brief shadow of what was
       once its astonishing crown.

11

Canción de noviembre

Congelados bajo las luces
　　　　de mercurio, los borrachos ven
las nubes tras el aparador:
　　　　calaveras de azúcar en el cielo
con un aire de juguetería.
　　　　Perdidos debajo de los coches
duermen: el estacionamiento
　　`　promete el calor de los escapes.

12

Canción de diciembre

Qué voluntad de permanencia
　　　　la de este viejo pirú desabrigado
que contra toda ley se sostiene
　　　de pie sobre el asfalto. Ya tiene
seco el tronco pero tenaz ocupa
　　　　el espacio y el tiempo, meciendo
la breve sombra de lo que fue
　　　　alguna vez la copa sorprendente

IV

CARDINAL ROOMS

CUARTOS CARDINALES

West

1

Dry Leaves

The rocks shine just for a moment
in countryside rescued by wind:

The houses get their doors mixed up,
clouds whitewash their walls.

Under the crows, their shadows
rush along the path without touching it.

The roofs are defeated by rain
where days fall slowly.

2

Matinee

There are voices in the wind that clip
leaves from the most enchanted tree:

Tossing them indifferently to fly
each appropriate to its role.

They move among lights, they are
the grandest stars in the play:

Fragile illusions always carried
in the direction of wind.

Oeste

1

Hojas secas

Sólo un momento brillan las rocas
en el paisaje que libra el viento:

Las casas confunden sus puertas,
las nubes pintan de cal sus muros.

Bajo los cuervos, las sombras
recorren el camino sin tocarlo,

Los techos vencidos por el agua
donde caen los días lentamente.

2

Tarde de teatro

Hay voces en el aire que cortan
las hojas del árbol más prendido:

Se tiran con desapego al vuelo
en el papel que les corresponde.

Se mueven entre las luces, son
las grandes estrellas de la obra:

Frágiles ilusiones que siempre
llevan la dirección del viento.

3

Conversation

Golden dust in the rooms,
noise over silence: enjoy the way

Our eyes shine touched by death
at the foot of stone stairs.

Murmur of voices, live silhouettes
counting coins in the background ...

Who cares about grants and prizes
after you've seen the light?

4

The Curtains

Every word is a curtain,
every feeling a window:

The breeze sets them flying
but they have no way out.

Various engraved faces
confusing anyone who speaks ...

Curtains and balcony disappear
when silence takes over.

GIROS DE FAROS 57

3

Conversación

Polvo dorado en las habitaciones,
ruido sobre el silencio: disfrutan

Con los ojos brillantes que palpa
la muerte al pie de la escalera.

Murmullos de voces, siluetas vivas
en el fondo recuentan el dinero ...

¿A quién le interesan los premios
después de haber visto la luz?

4

Las cortinas

Cada palabra es una cortina,
cada sentimiento una ventana;

Llega el aire y las levanta,
pero ellas no pueden salir.

Distintos rostros estampados
que confunden al que habla ...

Cortinas y balcón desaparecen
cuando el silencio domina.

North

1

Purple Haze

Smile of dust,
the dandelion allows you:

Look up in the sky
to cities never seen by man.

After flying
the birds come down to feed:

Tongues of smoke,
a single seed of delight.

2

Skirts of Earth

The leaves
of tea wish to change

Into smoke
which seeks to return to sky,

Into light
of vegetal afternoon that offers

A vision
of the horizon with its temples.

Norte

1

Neblina morada

Sonrisa de polvo,
el diente de león te lo permite:

Buscar en el cielo
ciudades nunca vistas por el ojo.

Después del vuelo
los pájaros bajan para alimentarse:

Lenguas de humo,
una semilla conserva el embeleso.

2

Faldas de tierra

Las hojas
del té se quieren convertir

En el humo
que busca regresar al cielo,

En la luz
vegetal de la tarde que ofrece

La visión
del horizonte con los templos.

3

Mescalito

Crystal flowers
incandescent calm of night ...

Petals explode
with reddish sheen of signs and information:

From a calendar
kings and queens survey the crowd

Screams in the street
silently undermine the walls.

4

Curfew

Spring
of ashes, kingdom of water:

Specter
of jade on foreheads

When the mist
conquers all and the defeated lays down

His limbs
in a rectangle of sand.

3

Los mezcales

Flores de cristal,
calma incandescente de la noche …

En los pétalos estalla
la luz rojiza de anuncios y señales:

Desde un calendario
los reyes contemplan a la multitud

En la calle, los gritos
socavan lentamente las murallas.

4

Toque de queda

Manantial
de ceniza, dominio del agua:

El espectro
del jade está en las frentes,

Cuando la bruma
vence y el vencido reposa

Sus miembros
en un rectángulo de arena.

East

1

Suicidal Beauty

The evening spreads
her goods out on the carpet

And pauses on a whim
facing the mirror:

Her breath
forms lips on the moon

But not before night
can steal a kiss.

2

Passing Fancy

The moon's only
dust on the curtains,

Blue clouds
in the mirror of the room.

When she looks at herself
she gets sad and sings:

Her voice conducts
the shadow of the cats.

Este

1

La bella suicida

La tarde extiende
sus bienes en la alfombra

Y se detiene
veleidosa ante el espejo:

Su aliento
en la luna forma labios

Que la noche
besa luego fugazmente.

2

Pasajera

La luna es sólo
polvo en las cortinas,

Nubes azules
en el espejo del cuarto.

Cuando se mira
se pone triste y canta:

Su voz conduce
la sombra de los gatos.

3

New Moon

The girl
at the table asks herself

If the light
of the candle is enough:

The shadow
of her glass replies

With a yes
that resembles the wind.

4

Siren

To experience
the heights of her enchantment

You have to
be willing to hit bottom:

Abandon the cavern
and take a look at the sky.

The promises
of love beyond death.

3

Luna nueva

La joven
en la mesa se pregunta

Si la luz
de la vela es suficiente:

La sombra
de su vaso le responde

Con un sí
que se parece al viento.

4

La sirena

Para conocer
las alturas de su encanto

Es necesaria
la voluntad de tocar fondo:

Dejar la cueva
para contemplar el cielo.

Las promesas
del amor tras de la muerte.

South

1

Love from Palenque

All the world's clarity
is present in dew,

Loving hands
plant stones and make them flower.

Coral-shapes
foretell the sea amid temples and ceiba-trees.

They find their way and lose it:
the river's a ribbon of white jaguars.

2

Love from Chichen-Itza

Mosaic of cornfields,
stone steps sprout gilded by light.

Climbing the stairs
footsteps awake flame-trees:

Heart of fire,
petals touched by spinning sun …

Up from the heels
blood rises to blush of skin.

Sur

1

Amor de Palenque

Presente toda
la claridad del mundo en el rocío

Manos amorosas
siembran piedras y las hacen florecer.

Formas de coral,
presagio del mar entre templos y ceibas.

Navegan, se pierden:
el río es una cinta de jaguares blancos.

2

Amor de Chichén-Itzá

Mosaico de milpas,
los peldaños crecen dorados por la luz.

En la escalera
sus pasos despiertan a los flamboyanes:

Corazón de fuego,
pétalos tocados por el sol que gira ...

Desde los talones
la sangre sube hasta la flor del pelo.

3

Love from Tulum

Lovely the woman
walking down from my eyes to the sea.

Her dress
sketches a hesitant line of birds in sand ...

Turquoise on turquoise
delicate palms twine fleeting footprints.

They follow her, burning ...
out of water rises a temple of salt.

4

Love from Akumal

While my shadow
tamely follows her spine's curve,

Her careless finger
traces shapes on the sheets ...

Peaceful noon
sways against blazing sea

Through that same light
that whitens boats on the beach.

3

Amor de Tulum

Hermosa es la mujer
que de mis ojos se va caminando al mar.

En la arena su falda
dibuja la pausada línea de las aves.

Turquesa en el turquesa,
cadena de finas palmas y leves huellas,

La siguen, se pierden ...
sobre el agua se yergue un templo de sal.

4

Amor de Akumal

Mientras mi sombra
sigue dócil la curva de tu espalda,

Despreocupada trazas
con un dedo figuras en la cama ...

Mediodía de calma
que oscila contra el mar encendido

Por esa misma luz
que deja blancos los botes en la playa.

V

ANOTHER WHITER SEA

OTRO MAR MÁS BLANCO

1

Abandoned

A slant of light, coal and earth,
wood worm-eaten by dreams:
a railroad station at rest
by the parallel sun of rails.

Under this roof men came
and went urged on by triumph ...
between rafters, clouds resemble
alligators stopped in time.

Decisive steps no longer heard
nor voices in platform air ...
orange trees in the yard remain:
a splendid season of white flowers.

2

The Table Is Set

Gathered to warmth of good coffee,
bread shines with the calm
of white walls, glowing,
overflowing with windows.

Straw spreads among the pine trees,
clarity grows and forms sky,
forms a room, forms a jar
deep as the eye of the mirror.

Same sea as always,
rectangular plain of everything
where mountains and clouds float
among hours like islands of quiet.

1

Abandono

Es un poco de luz, carbón y tierra,
madera carcomida por los sueños:
una estación de trenes que reposa
junto al sol paralelo de los rieles.

Bajo este techo fueron y vinieron
los hombres hostigados por el triunfo ...
entre las vigas, nubes que parecen
caimanes detenidos en el tiempo.

Ya no se escuchan pasos decididos
ni voces en el aire del andén ...
mas quedan los naranjos en el patio:
espléndida estación de flores blancas.

2

La mesa puesta

Reunidos al calor del buen café,
los panes resplandecen con la calma
de las paredes blancas, encendidas,
rebosantes de luz por la ventana.

Ya la paja se extiende entre los pinos,
crece la claridad y forma el cielo,
forma una habitación, forma una jarra
profunda como el ojo del espejo.

Es este mismo mar, el mar de siempre,
llano rectangular de cada cosa,
donde flotan los montes y las nubes
como islas de quietud entre las horas.

3

The Owner's House

Light passing through crystal
a puff of justice sustaining
sturdy sails on horizon,
windows open to the traveler.

Deep breath: skies, seas,
birds floating in the crux
of air that see the city naked
with arrogant helmets of boats.

Gestating fruits, a blow of fate,
fiction multiplied by rocks,
brilliant with salt: seagulls
whiter than foam stab fish.

4

Bull's Eye

Sky and sea, being parallel,
converge at a mysterious point
when the world's an archer
alert to the flight of will.

Rigor of ocean, glass artifice
reflecting boat in turquoise,
a brief star in every port,
wheel of fortune, transient ...

Old mechanical toys turn
to the rhythm of supply and demand:
ships worn out by the wind
that weeps with the force of helices.

3

La casa del amo

Es la luz que atraviesa los cristales
un soplo de justicia que sostiene
las velas firmes en el horizonte,
las ventanas abiertas al pasar.

Respiración profunda: cielos, mares,
los pájaros que flotan en la cruz
del aire miran la ciudad desnuda
y los cascos altivos de los barcos.

Frutos en gestación, golpe de suerte,
ficción multiplicada por las rocas,
brillantes por la sal: picaron peces
las gaviotas más blancas que la espuma.

4

Tiro al blanco

El cielo y el mar, siendo paralelos,
convergen en un punto misterioso
cuando muestran que el mundo es un arquero
atento al vuelo de su voluntad.

Rigor del mar, artífices del vidrio
que reflejan al barco en la turquesa,
como estrella fugaz en cada puerto,
rueda de la fortuna, pasajera …

Viejos juegos mecánicos que giran
al ritmo de la oferta y la demanda:
son buques fatigados por el viento
que llora con la fuerza de sus hélices.

5

In the Margin

Out of composition paper leap boats
sailing without engines or wind:
on fantastic summits of water
meticulous voices of children.

Intimate heights, the ocean's real
as simplicity of noon …
exhausted animal seeking
lazy refuge of shadow.

Far from going and returning,
rests on the shores of death,
plays with its wings and licks
the rocks with a metal pen.

6

Last of the Formalities

The fly gets up from the table
dominates the room from the roof,
punctually crosses the hallway
which leads from the sea to the mirror.

His buzzing penetrates light,
another bubble inside water …
navigating by leaps discovers
the tablecloth's embroidered fringe.

The depth is filthy, what it sees clear:
life floats vacillating
in paper air, target of light,
no longer remembering words.

5

Al margen

Del papel escolar salen los barcos
que navegan sin máquinas, sin viento:
en las cumbres fantásticas del agua
las voces minuciosas de los niños.

Alturas íntimas, el mar es real
como la sencillez del mediodía ...
un animal que busca fatigado
el ocioso refugio de la sombra.

Lejos de ir y lejos de volver,
reposa a las orillas de la muerte
que juega con las alas y salpica
las rocas con su pluma de metal.

6

El fin de las etiquetas

La mosca se levanta de la mesa
y domina los cuartos desde el techo,
atraviesa puntualmente el pasillo
que comunica al mar con el espejo.

Penetrante en la luz es su zumbido
una burbuja más dentro del agua ...
navegando descubre entre los botes
el borde iluminado del mantel.

El fondo es sucio, lo que mira claro:
esta vida que flota vacilante
con aire de papel, blanco de luz,
nada recuerda ya de las palabras.

7

His Majesty

Like the light of sea and skies
air between ropes and boats
a whisper of bodies touching
in burning afternoon.

The crow who governs laurels
his eyes red from sadness
wants to take the sun home,
leave a sign in the window ...

Where death procrastinates
under a sky of yellow shadows
and white sheets, ocean's carving
the illusion of a staircase.

8

Two Suns

A ship slides through the sky
like a line running through water,
a snake that goes along
leaving islands as it sheds its skin.

Marine dust, vision lights
lamp on the temple's vertigo:
an anchor falling heavily ...
crystal cut by light-beam.

Chiaroscuro, a clean sky
reflecting two faces in ocean:
the world drops from their eyes
fragile upon sharp masts.

7

Su majestad

Como la luz del mar y de los cielos
el aire entre las cuerdas y las barcas,
es un rumor de cuerpos que se tocan
en la tarde caliente del tejado.

El cuervo que gobierna los laureles
con los ojos rojizos de tristeza,
quiere llevar el sol hasta la casa,
dejar una señal en la ventana ...

Allí donde la muerte se dilata,
bajo un cielo de sombras amarillas
y de sábanas blancas, vive el mar
que labra la ilusión de una escalera.

8

Los dos soles

Un barco por el cielo se desliza
como una línea que recorre el agua,
como una víbora que va dejando
dispersas islas al cambiar de piel.

Polvo marino, la visión enciende
su lámpara en el vértigo del templo:
es un ancla que cae pesadamente ...
cristal cortado por un haz de luz.

Claroscuro interior, un cielo limpio
que refleja dos rostros en el mar:
de sus ojos el mundo se desprende
frágil sobre los mástiles punzantes.

9

Salt of the Earth

The earth pulsates smoothly
mystery for all that's animal,
if the calm that sprouts from its limbs
sustains this whispered desert.

Men of the caravan go by
covered with metal, skin, plastic;
they seem so sure doing business
with names and promises.

They need the sun in the knife
to see that light is worth it …
festivals of vanity, house of sand,
other candelabras shine in ocean.

10

Loyalty

The sturdy rock waits for seagulls
as night awaits our death:
sun gone, deserted beach
mineral lighthouses languish.

Ocean offers a sky of memory
which resembles so many things;
knows that its flight is different,
the beat of its wings makes foam.

Waves curve until they break
and then are gathered, inexhaustible;
only death never comes back,
that's why its kiss is so feared.

9

La sal de la tierra

Para todo animal es un misterio
la tierra que palpita suavemente,
si la calma que brota de sus miembros
sostiene este desierto rumoroso.

Pasan los hombres de la caravana
cubiertos de metal, de piel, de plástico;
parecen tan seguros comerciando
con los nombres del mundo, sus promesas.

Necesitan el sol en el cuchillo
para ver que la luz vale la pena …
fiestas de vanidad, casa de arena,
en el mar brillan otros candelabros.

10

Lealtad

La roca firme espera a las gaviotas
como la noche espera nuestra muerte:
ya sin el sol, en la playa desierta
languidecen sus faros minerales.

El mar la ofrece un cielo de memoria
que se parece siempre a tantas cosas;
sabe bien que su vuelo es diferente,
que el batir de sus alas hace espuma.

Curva las olas hasta que se quiebran
y después las recoge, inagotable;
solamente la muerte nunca vuelve
y es por eso su beso tan temido.

11

At the Price of Silence

Nights are heavy in the harbor,
the world turns around the wharf ...
axle of columns, in concrete
is saying gold is a voyage too.

To the eye, lights that return
from throwing nets in dark ocean
dissolve the ear's terror
watching the one who watches them.

This is ocean at last, this is sky,
the approaching engine repeats it
breaking across apex of blues,
filthy rags of foam and gasoline.

12

Will O' The Wisp

Ocean remembers what's undone,
conjectured, mute witnesses
watch the coast from its shell,
black house where everyone sleeps.

Tired of exchanging words ...
darken the rooms
lit up by moonlight
without spilling ashes on the rug.

Stubborn sky where the crab
refuses to let go of the pearl
is a compass ... constellations
of crickets pulsating in grass.

11

A precio de silencio

Las noches son pesadas en el puerto,
alrededor del muelle gira el mundo ...
un eje de columnas, en concreto
dice: el oro también es travesía.

A la vista, las luces que regresan
de echar sus redes en el mar oscuro,
disuelven el temor en el oído
cuando contemplan al que las contempla.

Es éste el mar, al fin, es éste el cielo,
lo repite el motor que se aproxima,
al romper en el vértice de azules
trapos sucios de espuma y gasolina.

12

Fuego fatuo

Mucho recuerda el mar lo inacabado,
la conjetura, los testigos mudos
cuando desde su concha ve la costa
la casa negra donde todos duermen.

Están cansados de cambiar palabras ...
dejan a oscuras las habitaciones,
y la luz de la luna las enciende
sin derramar cenizas en la alfombra.

Este cielo tenaz donde el cangrejo
no quiere desprenderse de la perla,
es una brújula ... constelaciones
de grillos que palpitan en la hierba.

VI

A SKEPTICAL NOAH

UN ESCÉPTICO NOÉ

Voices, I hear voices singing
sweet songs in midst of the flood
with creaking and swaying of planks.

The rain gives sleep, praise
of ocean whose patience lifts up boats.

The song's lovely, but the violence
gold and rich timbers arouse
grows like doubt in a king's head.

The misery of man ignores
death's vast permanence.

In solitude you never knew
you ask about those who stayed behind,
you suffer and would like an answer.

Out of darkness come cries
of birds which no one understands.

You could let the world go, but the morose
voice of prudence is a painstaking net
the spider weaves concerned about her prey.

The arguments of the night are harder
than coming and going of regrets.

Among reflections, the image of those
who built their house on a history
of sand, rock and fish of the net.

Las voces, oigo las voces cantando
en medio del diluvio canciones dulces
con el crujir de las vigas que se mecen.

Es la lluvia que da sueño, la alabanza
del mar cuya paciencia levanta barcos.

El canto es bello, pero la violencia
que el oro y las ricas maderas suscitan,
crece como la duda en la cabeza de un rey.

Es la miseria del hombre que ignora
la vasta permanencia de la muerte.

En esta soledad que nunca conociste
te preguntas por los que se quedaron,
sufres y quisieras tener una respuesta.

Desde la oscuridad llegan los gritos
de los pájaros que nadie comprende.

Pudieron dejar el mundo, pero la morosa
voz de la prudencia, es la red minuciosa
que la araña teje preocupada por su presa.

Los argumentos de la noche son más duros
que el ir y venir de los remordimientos.

Entre los reflejos la imagen de aquellos
que construyeron su casa sobre la historia
de la arena, la roca y el pescado de la red.

Hope touches rippling waters
confusing calm with profundity.

Nothing rewards magnificent suns,
blue fields crowned with roosters,
the hall of mirrors where the doe gave birth.

You must behold the silence of animals
who listen so as to feel less alone.

The discreet music of cows
loses the herdsman in whiteness
aspiring to eternity in the grass.

Gray skies descend out of fog
and the light of the first age drains.

Above the debris floats Noah's Ark
who, lying down among lambs, sleeps
without a worry for the world's seed.

He knows that just beyond open sky
begins the desert and oblivion.

La esperanza toca las aguas que ondulando
confunden a la calma con la profundidad.

Nada compensa los soles magníficos,
los campos azules coronados de gallos,
el salón de espejos donde parió la cierva.

Hay que ver el silencio de los animales
que escuchan para sentirse menos solos.

Es la música discreta de las vacas
que en su blancura pierden al pastor
y en la hierba aspiran a lo eterno.

De la niebla bajan los cielos grises
y escurre la luz de la primera edad.

Flota sobre los restos el Arca de Noé
que, recostado entre las ovejas, duerme
sin preocuparse por la semilla del mundo.

Sabe que más allá del cielo abierto
comienzan el desierto y el olvido.

VI

CIRCLING BEACONS

GIROS DE FAROS

Suns

1

Paper Trails

High
on the mountain
among tireless pines

There
where silence
turns to snow among branches

Lives
a species of
crow that flies like a man.

Its wings
are a hope
of seeing the signs of time,

Its cries
white pages
on black scree of dream.

Los soles

1

Caminos de papel

Alto
en el monte
donde crece el noble pino

Allá
donde el silencio
se vuelve nieve entre las ramas

Vive
una especie de
cuervo que vuela como el hombre.

Sus alas
son la esperanza
de ver los signos del tiempo,

Sus gritos,
páginas blancas
sobre el negro suelo del soñar.

2

Interior City

Dawn.
Light's mossy silence
sprouts by the tombstones.

Now rooftops
first touched by sun
seem to wake from slumber.

Shadows
slip away, barely
any trace of night remains ...

Birds
shatter the last stars
with their cries:

Death
sings when she wants to
make things clear in her dominion.

2

Ciudad interior

Amanece.
Sobre las losas brota
el musgo silencioso de la luz.

Ya los primeros
techos tocados por el sol
parecen despertar de su letargo.

Las sombras
van saliendo, apenas
queda algún rastro de la noche …

Los pájaros
con sus gritos
quiebran las últimas estrellas:

La muerte
canta cuando quiere
mantener la claridad en su dominio.

3

Rooster in Shopwindow

Stopped
in full battle cry
by a challenge of fire,

The rooster
flaunts on his comb
red, purple, yellow flowers.

He spreads
his wings as if to
fly with a gleam of glance,

While
his feet rest solemnly
in the mom-and-pop shop window.

Waiting,
holding on. The form
itself retains the gift of song.

3

Un gallo en la vitrina

Detenido
en son de pleito
por el fuego que llega desafiante,

El gallo
luce en la cresta
flores rojas, moradas, amarillas.

Extiende
las alas y quiere
volar con el brillo de la mirada,

Mientras
las patas descansan
gravemente en la vitrina familiar.

Esperar,
permanecer. La forma
misma conserva el don del canto.

4

Eroding Tiger

By day
he sleeps, by night
he roars, pacing his cell.

Shadows.
Time's imperceptible
passage puts on a circus:

A sea
of abandoned chairs
stained by a few faces.

The clear
eyes of the tiger
see one cage inside another:

Life.
Beyond bars
blazes the true sun.

4

La erosión del tigre

De día
duerme, de noche
ruge y da vueltas en la pista.

Sombras.
El paso del tiempo
imperceptible monta un circo:

un mar
de sillas desiertas
manchado por algunos rostros.

Los ojos
claros del tigre
ven una jaula dentro de otra:

Vida.
Tras las rejas
resplandece el verdadero sol.

5

The Final Guests

A party
for knowing eyes:
glass bonfires in window displays.

Billboards
call from the path,
each cardboard gesture a mannequin.

Howls
of smoke, burning
mouthfuls light up the lungs,

The street-
dogs carefully rummage
each bag of garbage,

While
a man spits
fire: bones the sun loves.

5

Los últimos invitados

Fiestas
para el buen ojo:
fogatas de vidrio en los escaparates,

Letreros
llamativos del camino,
cada gesto acartonado es un maniquí.

Ladridos
de humo, bocanada
ardiente que ilumina los pulmones,

Los perros
callejeros recorren
los botes de basura cuidadosamente

Mientras
un hombre escupe
fuego: los huesos que el sol ama.

6

Conquest of Identity

A sheaf
of silence shines
on earth, defeated weapons,

Helmets,
the table sprinkled
with ashes, stained with wine.

Once
the enemy's markets
blossomed on this red and white plain.

Deep
silence, the siege
finally has been lifted ...

Dawn.
All that's left of these warriors
is a victory of dream.

6

Conquista de la identidad

Un haz
de silencio ilumina
la tierra, las armas vencidas,

Los cascos,
la mesa salpicada
con ceniza y manchas de vino.

Las tiendas
enemigas florecieron
en esta llanura blanca y roja.

Profunda
quietud, el sitio
ha sido finalmente levantado …

Amanece.
De aquellos feroces
sólo queda la victoria del sueño.

Earth

1

Seasons

I

Autumn rests
on a basket of fruit,

Sound of footsteps climbing
and descending stairs:

Tower of clean dishes.

In the midst of leaves
a sun's thinking
about which way to fly.

II

Winter,
silent fog.

Sleepers fly
with eyes burning:

They seek the earth no more.

The edges of night
get thinner and thinner
pouring out wine.

La tierra

1

Estaciones

I

Otoño reposa
en la canasta de fruta.

Rumor de pasos que suben
y bajan escaleras:

Torre de platos limpios.

Un sol medita
entre las hojas
el rumbo de su vuelo.

II

Invierno,
bruma silenciosa.

Los que duermen velan
con los ojos encendidos:

No buscan más la tierra.

La noche se adelgaza
hasta los mismos bordes
para verter el vino.

III

Spring,
cage of stars

Hide the seed
in a woman's house:

Deep source of mystery.

Under the moon
voices extend their ancient
spout of shadows.

IV

Tone of summer
subtle for everything.

Mask of love
on flowered walls:

Join up in open air.

Blue instruments
for bodies
that know how to listen.

III

Primavera,
jaula de estrellas,

Esconde la semilla
en casa de la mujer:

Profunda fuente de misterio.

Las voces bajo la luna
extienden su antiguo
surtidor de sombras.

IV

Verano del tono
sutil para cada cosa.

Máscara del amor
en los muros floreados:

Al aire libre se reúnen.

Instrumentos azules
para los cuerpos
que saben escuchar.

2

There Is no Paradise without Animals

Transparent cages: a monkey climbs
nimbly, looks, whirls, leaps ...

Breaks lenses with its tail,
perspective of the man of words.

Laughs and laughs at the owls
as the seal laughs, as the camel

Ruminates the grass of the just
to compensate pale horizons.

Turning and turning in cages,
it's a sad life in the zoo:

The egg cracked by artificial light
wants to be a turtle at all costs.

Goodbye, friend lion, friend zebra,
goodbye to the whole exotic party:

The bear swims, the parrots whistle ...
the man struggles behind bars.

2

No hay paraíso sin animales

Jaulas transparentes: un mono trepa
con astucia, gira, busca, salta …

Quiebra con la cola los lentes,
la perspectiva del hombre de palabras.

Goza con la risa de las lechuzas
como goza la foca, como el camello

Que rumia la hierba de los justos
para compensar el pálido horizonte.

Vueltas y vueltas en las jaulas,
la vida en los zoológicos es triste:

El huevo roto con luz artificial
quisiera ser tortuga a toda costa.

Adiós, amigo león, amiga cebra,
amigos todos de esta fiesta exótica:

El oso nada, los pericos chiflan …
el hombre batalla tras las rejas.

3

Firefly

A firefly describes
inexact orbits
in the darkness ...

Life is only apparently
symmetrical.

Perfection
is not on life's side.

3

Luciérnaga

Una luciérnaga da vueltas
en órbitas inexactas
en medio de la oscuridad ...

La vida es simétrica
sólo en apariencia.

La perfección
no está del lado de la vida.

4

Teachings of Atlihuayan

Sitting under the trees we let the wine flow.
Crows sway back and forth in our glasses
and frogs practice oratorios down by the pond.
The oldest eucalyptus carries the tune
as its fronds move gently: silence
is doubtless the most difficult art.

While light holds on and years are graceful,
the world shows us only its brightest leaves.
So we all believe that time never passes
because the grass is green.

    But night falls
    and it starts to rain
    under the weight of fruits.

    Hurting
    we head back home
    while the frogs still singing
    summer's tunes
    remind us sadly
    there's no place to which we can return.

4

Enseñanzas de Atlihuayán

Sentados bajo los árboles dejamos correr el vino.
En las copas se mecen los cuervos
y en el estanque las ranas ensayan su partitura.
El eucalipto más viejo lleva una melodía
moviendo apenas la fronda: el silencio
es sin duda el arte más difícil.

Mientras la luz permanece y los años son ligeros
el mundo sólo muestra las hojas más brillantes.
Así, todos creemos que el tiempo no transcurre
por ser la hierba tan fresca.

      Pero la noche llega
      y luego se vuelve lluvia
      bajo el peso de sus frutos.

      Dolidos
      emprendemos el regreso
      y las ranas que cantan los aires del verano
      nos recuerdan tristemente
      que no existe un lugar para volver.

5

The Beetle's House

Little buddy, fondle
the earth with your feet.
carry your house beyond
its dark beginning.

You're about to find
in some waiting hollow
that eternity which shines
blindingly, everywhere.

So close your wings,
roll up your house
in the world's ball
so light doesn't burn your eyes.

You'll see that your inside
is only what was always
outside, and that the world
was because you were.

5

La casa del escarabajo

Pequeño amigo, acaricia
la tierra con tus patas,
lleva tu casa más allá
del oscuro principio.

Estás por encontrar
en el hueco que te espera
la eternidad que brilla
cegadora, en todas partes.

Así que cierra las alas,
en la bola del mundo tapa
tu casa para que la luz
no te queme los ojos.

Verás que tu interior
es lo que estuvo afuera
siempre, y que el mundo
fue porque tú fuiste.

6

Knight for Bishop

Windows open the solitude

Of men forever exchanging

Queens, bishops and pawns

Till the king's dead. Hid

By lager's familiar logic

They don't sense darkness

Biding the knight's steed

The castle's white glance

6

Caballo por alfil

Las ventanas crecen con la soledad

De los hombres que están cambiando

Peones, reyes y reinas de posición

Con un aire displicente ... escondidos

En la lógica familiar de las cervezas

No sienten cómo llega la oscuridad

Que paraliza las patas del caballo

Ni la mirada casi blanca del alfil.

Night

1

Berenice

Carry me to peaceful isles
of uncomplaining death,
Berenice, your starry braid
shows the path to climb.

Open your wings,
the ocean's a geranium
that lifts up seven
stairways of stone.

Labyrinths, portals,
cradles of earth:
promises of light
bathe in the vault.

A boatman sleeps
by his sickle,
child of the lion
who harvests stars.

From the near shore
you can see the summit
rippling at noon
through distances of air.

Carry me away, break
the palate of glass:
leaves are trembling
with sparkles of salt.

La noche

1

Berenice

Llévame a las serenas islas
de una muerte sin rencor,
Berenice, ya tu trenza
ha marcado el ascenso.

Abre las alas,
el mar es un geranio
que levanta siete
escalones de piedra.

Pasillos, puertas,
lechos de tierra:
en la bóveda se bañan
promesas de luz.

Duerme junto a la hoz
un botero, progenie
del león segador
de estrellas.

Desde la orilla
se puede ver la cima
que a la distancia
ondula, meridiana.

¡Llévame! Rompe al fin
el paladar de vidrio:
la hierba tiembla
con destellos de sal.

Shining by night
dressed as a child,
you hurl down leaves,
green lips of future.

Así de noche brillas
vestida de niño, lanzando
hojas, verdes labios
en la casa del futuro.

2

Dancer of Sigiri

Temple of pleasure, light
devoted to beauty:
softness of shoulders
and the course of two rivers
sustain a medallion.

Jade moon, garlands:
transparent cymbal
and love's nostalgia
sleeping among pearls
of the arm-ring.

Flowers, living jewels:
diamond of fatigue
running down her cheeks
to corners of her mouth
leaping into emptiness.

A starry sky
at the song's height
rattles, the smile
of a girl who dances
in the presence of death.

2

Bailarina de Sigiri

Templo de placer, luz
destinada a la belleza:
la suavidad de los hombros
y la vertiente de dos ríos
sostienen un medallón.

Luna de jade, guirnaldas:
un címbalo transparente
y la nostalgia del amor
dormido entre las perlas
del brazalete.

Flores, joyas vivas:
un diamante de cansancio
que por las mejillas cae,
bordea las comisuras
y salta al vacío.

Un cielo estrellado
a la altura del canto:
cascabel, sonrisa
de un joven que baila
ante la muerte.

3

Chinese Checkers

Peel your eyes and take your chances
tracing an uneven path
across the darkened checkerboard.

This game kills a little time
out there where every evening
fragile constellations glow.

Sailor-girl without a ship,
farmer-girl in the Milky Way,
your dream sings us to sleep.

Unmoving amid spinning time
that celebrates your silver heart
you're getting closer and closer.

Below the depth of thunderclouds
you journey to inner earth:
blue meadows and tents of skin.

Figures human and divine,
gold nuggets of scarlet horses,
the moon above the mountains.

3

Damas chinas

En el camino que quiebra
la oscuridad en el tablero
necesitas atención y fortuna.

Un juego para matar el tiempo:
allá se encienden cada noche
las frágiles constelaciones.

Marinera sin barco, campesina
celeste, bajo tu sombrero corre
el sueño que cierra los párpados.

Inmóvil en el tiempo que gira
y celebra tu corazón de plata
avanzas sin que nadie lo note.

Debajo de las nubes profundas
un viaje por tierras interiores:
pastos azules y tiendas de piel.

Formas humanas, formas divinas,
el oro de los caballos rojos
y la luna sobre las montañas.

4

Nocturne

Witness to stations and seasons
the train on which I travel
has been left all alone
        lost in the sleepiness
        of this little town.

Looking out my window
I see shadows growing
projected by the moon
        on the stone head
        of a statue.

The cool of night
pervades the empty cars,

wipes my forehead clean,
carries away memories.

The moon
makes her nest,
a house of salt
among naked
branches.

4

Nocturno

Testigo de estaciones
el tren en el que viajo
se fue quedando solo,
      perdido en el letargo
      de este pueblo.

Desde mi ventanilla
veo crecer las sombras
que la luna proyecta
      sobre la cabeza
      de una estatua.

La frescura de la noche
penetra los carros vacíos,

me limpia la frente,
se lleva los recuerdos.

      La luna
      hace un nido
      una casa de sal
      entre las ramas
      desnudas.

En la plaza desierta
      brilla un foco.

5

Ts'i Smiling

Rooster-clouds,
power flooding the earth.

Her voice keeps watch.
Lying down in dreams
she listens to blue flies buzz.

The curtain shines,
a prisoner of power.

The only light's the moon
launching gossamer boats.

The flies
soar high, teetering,
begging for water in shrill voices.

They say:
"If anyone loves, it brings wrath."

5

La sonrisa de Ts'i

Nubes de gallos,
los poderosos inundan la tierra.

Su voz vela.
Tendida entre sueños
tal vez escucha moscas azules.

Brilla la cortina,
presa del poder.

No hay luz sino de luna
que lanza tenues barcas.

Alto van
las moscas, titubean
pero clama el agua su voz alta.

Dicen:
"Pudiera surgir la ira si alguien ama."

6

Twelfth Night

Waiting in the café
cutting with his finger
slices of heaven
hoping to find her

☽

Little doll, little girl
baked into the loaf
memory of ocean
the all-seeing knife

☽

An island of sugar
in a sea of coffee

☽

Children's laughter

6

Noche de reyes

Esperando en el café
cortaba con el dedo
rebanadas de cielo
buscándola a ella

☽

Muñequita de la rosca
de la memoria marina
del cuchillo que ve

☽

Una isla de azúcar
en medio del café

☽

La risa de los niños

Water

1

Endures like Water

The window detains lyrics
of a song that makes me sad:
a voice awakens, rises, fills with light …
barely strumming the cross of guitars
disappears at last into a chorus.

> Even though it doesn't last,
> despite the moment.

Poured out into horizon's cradle:
a white raft on the high sea;
here too there's light for lovers,
for their clean game of mirrors.

> I've wanted to believe,
> always wanted to believe.

Down from the flagship's rail they throw
a shadow-ladder to those who know nothing;
in a movie a door opens …

> Everything revolves and changes,
> everything endures.

Gigantic cupola stuffed with memories,
from room to room I follow that perfume.

> Unmistakable odor,
> falling rain.

How can I forget you if the music goes on?

El agua

1

Dura como el agua

En la ventana se detiene la letra
de una canción que me pone muy triste:
la voz despierta, sube, se ilumina …
pasa rozando la cruz de las guitarras
y se desvanece al final en unos coros.

> A pesar de que no dura,
> a pesar del instante.

En la cuna del horizonte se vierte:
en medio del mar flota una balsa blanca;
aquí también hay luz para los amantes,
para su limpio juego de espejos.

> He querido creer,
> siempre he querido creer.

Desde la nave mayor tiran la escala
de sombras entre los que nada saben;
en una película se abre una puerta …

> Todo gira y cambia,
> todo permanece.

Cúpula gigantesca cuajada de recuerdos;
entre pieza y pieza percibo este perfume.

> El olor inconfundible,
> la lluvia que cae.

¿Cómo podré olvidarte si la música persiste?

2

Change of Tone

Offer the harvest, try one more octave,
suffer so much to take our pulse.

Sick men stay far away
with obsessions and false vigor.

Where sky and water split apart
an amazing instrument grows.

Some aspect of ourselves
goes to war on the usual front.

Uniformed in skin, the truth
is an officer barking commands.

Ladies of the house protect
our courage in a compass rose.

Life has nothing she can wear
to walk out on the street.

2

Cambio de tono

Presentar los frutos, buscar una octava más
y sufrir tanto por tomar el pulso.

Lejos quedan los hombres enfermos
llenos de preocupaciones y su falso vigor.

Allí donde el agua y el cielo se separan
crece un instrumento maravilloso.

Un aspecto de nosotros mismos
es la guerra en el frente de siempre.

Uniforma de piel, la verdad parece
un capitán que dicta órdenes.

Tantos valores guardan las amas
como la rosa de los vientos.

La vida ya no tiene vestidos
para salir a la calle.

3

Chamber Music

Alone.
Not even six a.m.

I walk
to pass time
waiting for the sun to rise.

Hands in my pockets
birds in the meadow
shivering with cold.

I tell them good morning.

My breath's a braid
of golden steam.

I've touched it with my lips.

3

Música de cámara

Solo.
No son siquiera las seis.

Camino
haciendo tiempo
esperando que salga el sol.

En los bolsillos las manos
y en el pasto los pájaros
que se sacuden el frío.

Les doy los buenos días.

En el vapor de mi boca
se forma una cabellera.

La he tocado con los labios.

4

Invaders

Black rump, wheat-colored mane,
water canters down window pane.

Gray drops gathering
surging hordes
a rider in every saddle
inky hooves reflecting:

What a huge world—he's thinking—
to go on falling forever …

I see forgotten worlds
backlit in the window:

Life is water cantering
always black night outside.

4

Invasiones

Crin de trigo, negra el anca
trota en el cristal el agua.

Incesantes hordas brotan
grises, gotas que se curvan
y un jinete en cada lomo
tintas las piernas de espejos.

Qué gran mundo—pensaría—
este caer de tan lejos …

Y yo viendo cielos idos
al trasluz de la ventana:

Trotando, la vida es agua
negra noche siempre fuera.

5

A Little Message

That pigeon
whose shadow sways
on the red tile roof

From a distance
she looks a lot
like Lady Death:

She lands and preens
folding her wings

Then she looks at you:
she knows the time has come.

5

Un pequeño mensaje

Aquella paloma
que mece su sombra
sobre las tejas rojas

Se parece
-de lejos-
a la muerte:

Llega y se posa
plegando las alas

Luego te mira:
sabe que ya es tiempo.

6

Coda

We have loved silence so much
       that we use it to speak.

We'll see in justice of words
       the fullness of their members.

Strength to stop pretending
       and walk upright into an embrace.

6

Coda

Ha sido tanto nuestro amor al silencio
    que por él hablamos.

En la justicia de las palabras se verá
    la plenitud de los miembros.

La fuerza para dejar de fingir
    seguros de llegar erguidos al abrazo.

Acknowledgements

Some of these translations have been published as follows:

"Salt of the Earth" in *Anemone*, "Abandoned" and "Will o'the Wisp" in *The Bitter Oleander*, "Abandoned" in *California Quarterly*, "His Majesty" in *Catalyst*, "There Is no Paradise Without Animals" in *Crazy River*, "In the Margin" in *Exit 13*, the twelve "Songs to Sing in the City" in *Great River Review*, "Blue Triptych," "Red Triptych" and "Green Triptych" in *Lactula*, "The Table Is Set" in On theBus, "White Triptych" in *Puerto del Sol*, "Black Triptych" in *Rohwedder*, and "A Skeptical Noah" in *Zzyzyva*.

In addition, "Love of Palenque," "Love of Chichen-Itza," "Love of Tulúm," "Love of Akumal," "The Table is Set," "The Salt of the Earth," "A Skeptical Noah," and "Paper Trails" were included in **Dawn of the Senses** (City Lights, 1995). As well, the five "Triptychs of the Vowels," the twelve poems of "Another Whiter Sea," "The Earth" and "There Is No Paradise Without Animals" were included in **a cage of transparent words** (Bitter Oleander Press, 2007)

Five editions of the book in Mexico:

Giros de faros, Colección Letras Mexicanas, Fondo de Cultura Económica, México, 1979. Segunda edición, Fondo de Cultura Económica, México, 1985. Tercera edición, como uno de los doce librtos incluidos en la recopilación de El corazón del instante, Colección grande de Letras Mexicanas, Fondo de Cultura Económica, México, 1998. Cuarta edición, La Centena, Poesía, Verdehalago y CONACULTA, México, 2003. Quinta edición, El corazón del instante, nueva edición. Poesía, Fondo de Cultura Económica, México, 2018

About the Author

Alberto Blanco (Mexico City, 1951) is considered one of Latin America's most important poets. Since the release of his first book, *Giros de faros*, in 1979, he has published 36 books of poetry, plus poetic translations, books on visual arts, and children's books. Blanco's extensive work has explored diverse poetic forms; from the most archaic and traditional to the strictly contemporary and experimental. In 1991 he received a grant from the Fullbright Program as a poet-in-residence at the University of California, Irvine; and, in 1992, he was awarded a grant from the Rockefeller Foundation. He was admitted into the Sistema Nacional de Creadores (National System of Creative Artists) in 1994, for which he has also been a juror. In 2001 he received the Octavio Paz Grant for Poetry, and in 2008, he was awarded a grant from the Guggenheim Foundation. He was named Emeritus Creator in 2018. His poetry has been translated into more than twenty languages.

About the Translators

John Oliver Simon (1942-2018), a legendary poet of Berkeley Sixties and fifth-generation Californian born in New York City, published seventeen books of poetry and approximately 290 of his poetry translations in journals and anthologies. He was educated at Putney School, Swarthmore College and UC Berkeley and worked in the California Poets in the Schools Program teaching poetry and translation to schoolchildren.

Jennifer Rathbun is a Spanish Professor and Chair of the Department of Modern Languages and Classics at Ball State University. She's published sixteen books of poetry in translation, two anthologies of poetry, and the poetry collection *El libro de las traiciones / The Book of Betrayals* (2021). She was awarded the 2021 Ambroggio Prize granted by the Academy of American Poets.

Printed in May 2022
by Gauvin Press,
Gatineau, Québec